EL ORÁCULO DE LA ATRACCIÓN

Sheila Galle Espejo

Cómo utilizar este oráculo

He creado este oráculo con el fin de proporcionarte una herramienta que puedas utilizar a diario como recordatorio de lo increíblemente magnétic☆ que eres. Se trata de una combinación de mensajes educativos, inspiradores y orientadores.

Creo firmemente en que somos guiados a continuo, a menudo sin darnos cuenta. Mi propósito es que este libro sirva como un recordatorio físico de esa conexión y como una herramienta de aprendizaje para convertirte en tu yo más empoderado.

Sugiero usarlo todas las mañanas, inmediatamente después de haberte despertado. Déjalo en algún lugar visible para que no se te olvide. Coge el libro entre tus manos y mueve las páginas un rato hasta abrirlo por una. Ése será el mensaje del día.

Y si te apetece, comparte tu experiencia conmigo en Instagram (@sheilagalleespejo). ¡Me encantaría conocer tus reflexiones!

LA AUTENTICIDAD ES LA ENERGÍA MÁS ATRACTIVA QUE EXISTE.

¿QUÉ PUEDO HACER HOY PARA SER MI YO MÁS AUTÉNTICO?

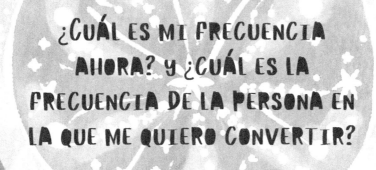

¿CUÁL ES MI FRECUENCIA
AHORA? Y ¿CUÁL ES LA
FRECUENCIA DE LA PERSONA EN
LA QUE ME QUIERO CONVERTIR?

NUNCA HE ESTADO TAN SEGUR★
DE ALGO.
SÉ LO QUE QUIERO Y ESPERARÉ
PACIENTEMENTE
PORQUE SÉ QUE LLEGARÁ A MÍ
EN EL MOMENTO ADECUADO.

EL ESTRÉS Y LA DECEPCIÓN QUE SIENTO
PROVIENEN DE IR SIEMPRE APURADA.
Confío en que todo llega en el
momento ADECUADO. ENCUENTRO PAZ EN
QUIÉN SOY Y LIBERO LA TENSIÓN DE
QUIÉN CREO QUE DEBERÍA SER.
Lo que es PARA MÍ LLEGARÁ A MÍ EN EL
momento ADECUADO.
SIEMPRE LO HACE.

ATRAIGO MEJOR CUANDO
ESTOY PRESENTE Y CALMAD★.

Confío en el proceso.

Estoy destinad★ a conseguirlo.
Lo único que necesito hacer es
creer.

Sé hacia dónde me dirijo.
Dejo que "el cómo" sea parte de
la enseñanza del universo.

Cuando me obsesiono con mis objetivos, genero un aura de carencia que rodea dichas metas.
Le estoy diciendo al Universo que no lo tengo y eso crea más carencia.

SI PUEDO IMAGINARLO,
PUEDE EXISTIR.

SI PUEDO SENTIRLO,
EXISTIRÁ.

Hoy miro hacia atrás y admiro las grandes montañas que ya he recorrido.

Aunque la que tengo en frente pueda parecer alta, sé que ésta también la podré dejar atrás.

En el momento en que creo
merecer algo mejor,
el universo conspira para
hacerlo realidad.

UNA VEZ SÉ LO QUE QUIERO,
DEJO QUE EL UNIVERSO ME GUÍE.
NO LO PERSIGO,
SIMPLEMENTE DEJO QUE
AQUELLO QUE QUIERO
ME ENCUENTRE.

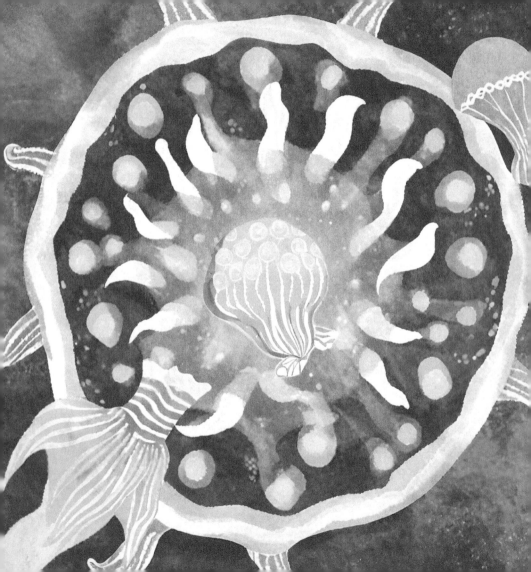

PRACTICO LA AUTOCONCIENCIA
PORQUE ATRAIGO LO QUE SOY.

PRACTICO LA ATENCIÓN PLENA
PORQUE ATRAIGO MEJOR
CUANDO ESTOY PRESENTE.

Lo veré cuando lo crea.

SER·AGRADECID⭐ ME AYUDA A
ALCANZAR MIS OBJETIVOS
DE MANERA MÁS RÁPIDA.

CUANDO SOY AMABLE CONMIGO
MISMO Y CON LOS DEMÁS,
LE TRANSMITO A MI
SUBCONSCIENTE QUE MEREZCO LO
QUE DESEO.

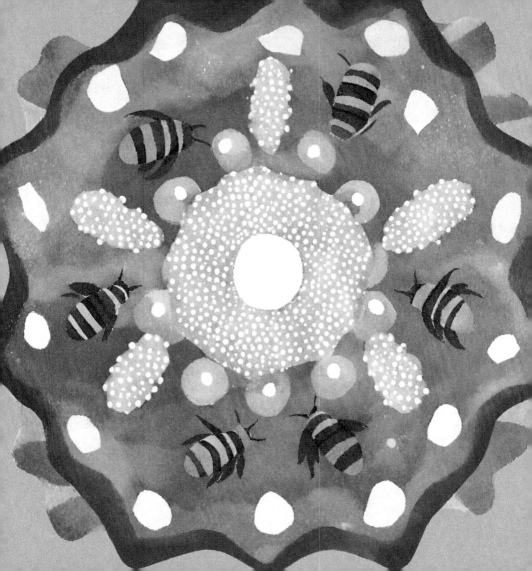

ME ESFUERZO MÁS EN MEJORARME QUE EN CONSEGUIR MIS PLANES.

CADA CAPA DE MIEDO QUE
LIBERO,
ME ACERCA UN POCO MÁS
A LA VERSIÓN MÁS PODEROSA
DE MÍ MISM★.
LA VERDADERA VERSIÓN
DE MI SER.

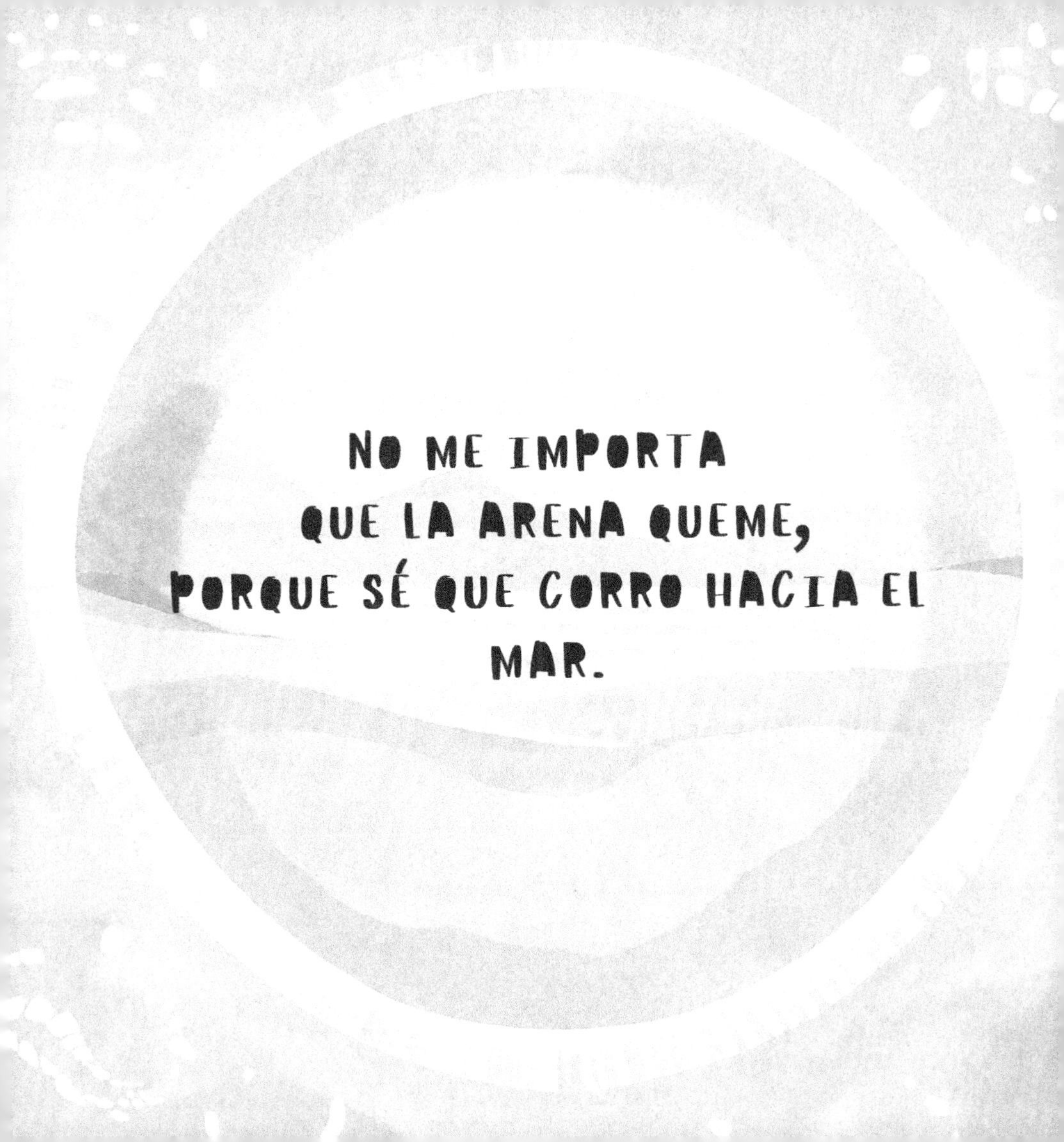

NO ME IMPORTA
QUE LA ARENA QUEME,
PORQUE SÉ QUE CORRO HACIA EL
MAR.

Estoy siendo guiad★ constantemente hacia mis objetivos.

Sólo cuando estoy presente y en paz soy capaz de entender por qué camino seguir.

MI SABIDURÍA INTERIOR ES MUCHO MÁS PODEROSA DE LO QUE JAMÁS PODRÍA IMAGINAR.

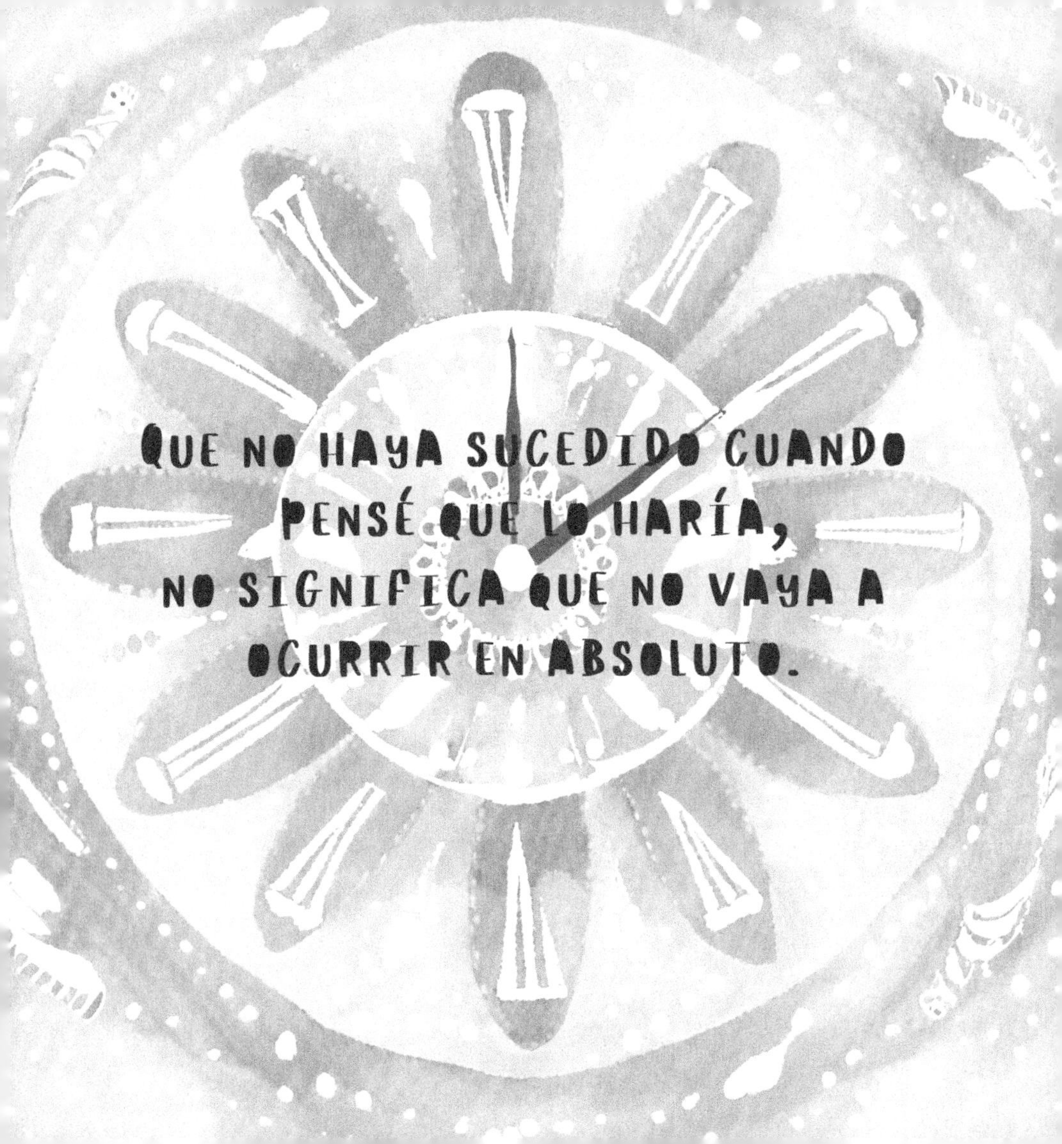

QUE NO HAYA SUCEDIDO CUANDO
PENSÉ QUE LO HARÍA,
NO SIGNIFICA QUE NO VAYA A
OCURRIR EN ABSOLUTO.

La manifestación es una de las habilidades más simples e innatas que poseo.
Estoy manifestando constantemente.

Tomar acciones para conseguir mis metas me acerca un poco más a la mejor versión de mí que debo ser.

LLEGARÉ ANTES
CUANDO DEJE DE PENSAR EN
CÓMO HACERLO.

UNA ARDILLA NO VENDRÁ A MI JARDÍN PORQUE LA PERSIGA,
VENDRÁ CUANDO CREE EL AMBIENTE PERFECTO PARA ELLA.

ME CONVIERTO EN UN IMÁN
CUANDO DEJO QUE EL AMOR Y
LA AUTENTICIDAD
GOBIERNEN MI VIDA.

HOY HARÉ
ACTIVIDADES QUE ME
EMPODEREN.

EL UNIVERSO NO PROPORCIONA LA TARTA. EL UNIVERSO PROPORCIONA LOS INGREDIENTES PARA HACER LA TARTA.

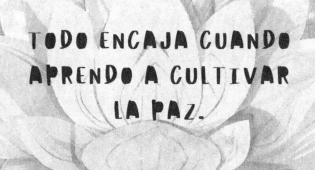

TODO ENCAJA CUANDO APRENDO A CULTIVAR LA PAZ.

Hoy no perseguiré mis sueños.
Buscaré la paz interior para atraer mis sueños hacia mí.

YO DECIDO EL CURSO DE
MI VIDA.
EL UNIVERSO SE
ENCARGA DEL RESTO.

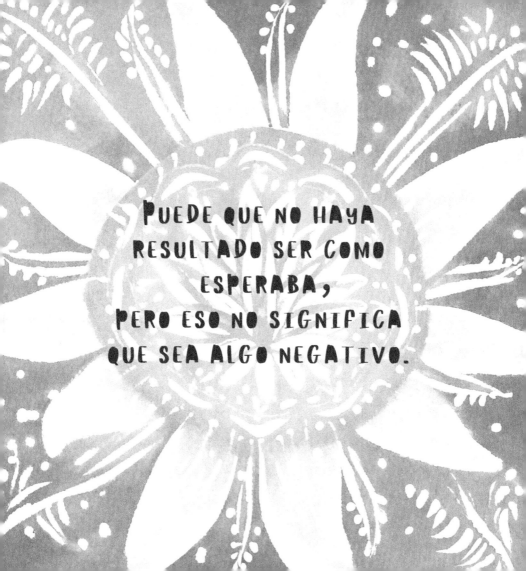

PUEDE QUE NO HAYA
RESULTADO SER COMO
ESPERABA,
PERO ESO NO SIGNIFICA
QUE SEA ALGO NEGATIVO.

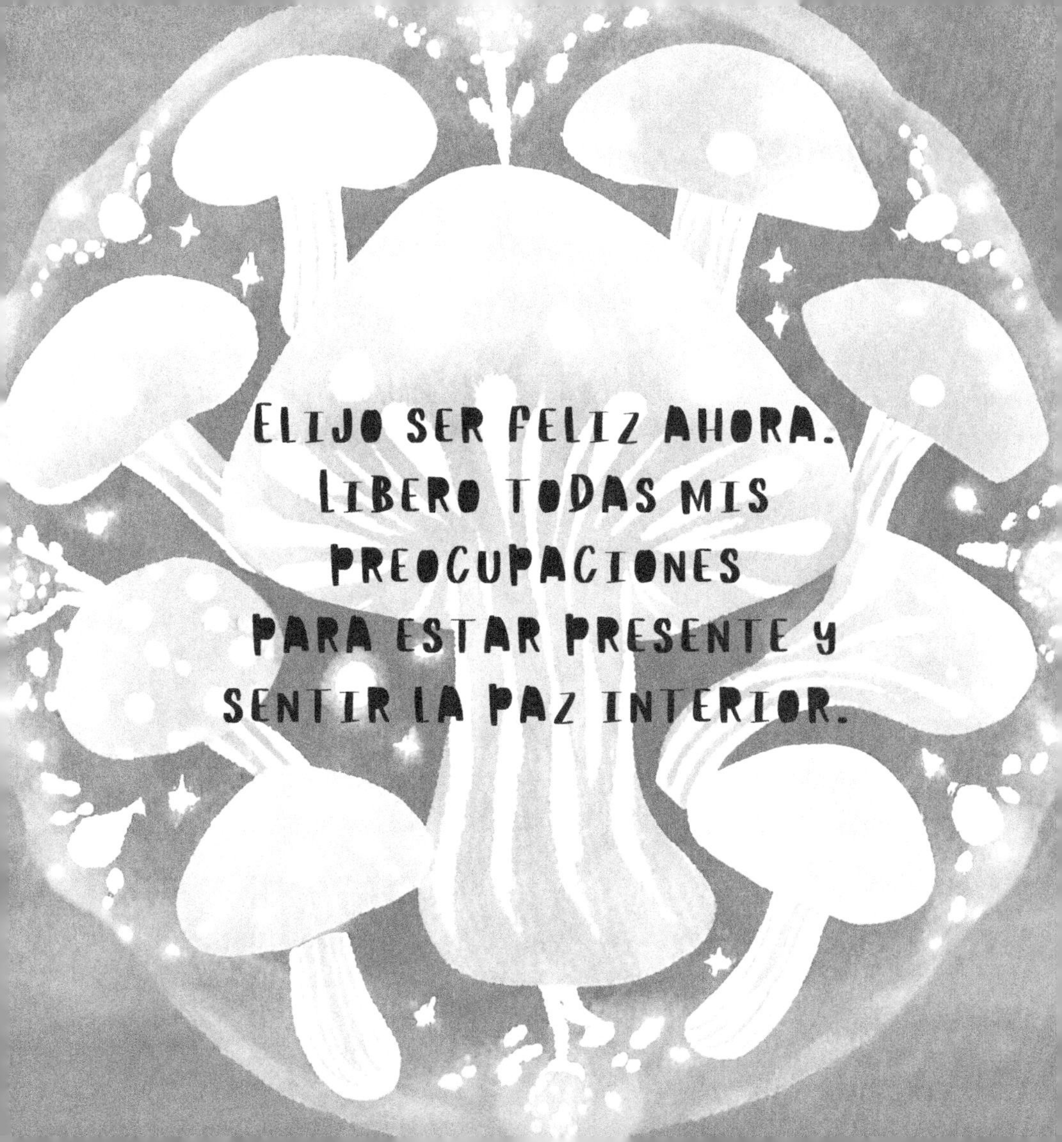

Elijo ser feliz ahora.
Libero todas mis
preocupaciones
para estar presente y
sentir la paz interior.

MIS CIRCUNSTANCIAS SON LOS REFLEJOS DE MIS PROPIAS PERCEPCIONES.

HOY ELIJO VER LA BELLEZA DE LA VIDA.

MIS ÉXITOS ME AYUDAN A TENER CONFIANZA EN MIS HABILIDADES.

MIS RETOS OFRECEN NUEVAS OPORTUNIDADES PARA CRECER.

Disfruto tanto del viaje como del destino.

LAS EMOCIONES POSITIVAS SON EL INTERRUPTOR QUE PUEDO UTILIZAR PARA VOLVERME MAGNÉTICO.

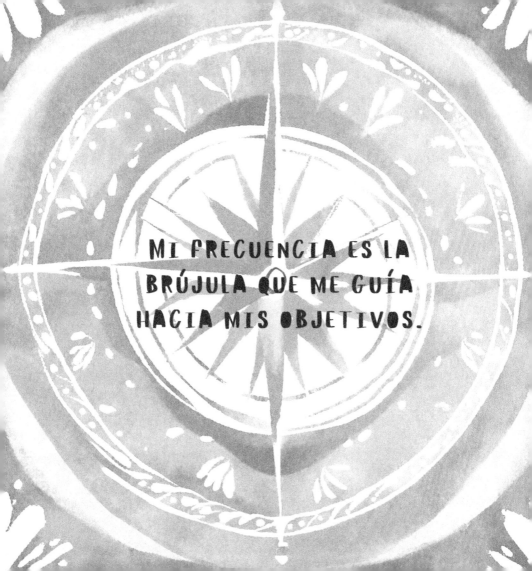

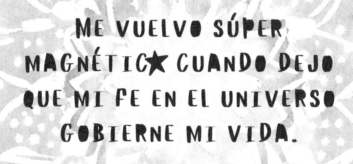

ME VUELVO SÚPER MAGNÉTIC★ CUANDO DEJO QUE MI FE EN EL UNIVERSO GOBIERNE MI VIDA.

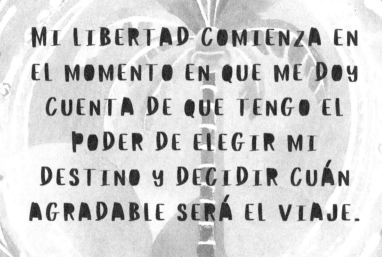

MI LIBERTAD COMIENZA EN EL MOMENTO EN QUE ME DOY CUENTA DE QUE TENGO EL PODER DE ELEGIR MI DESTINO Y DECIDIR CUÁN AGRADABLE SERÁ EL VIAJE.

LA CAPACIDAD DE VER LA BELLEZA EN LAS COSAS ME ACERCA A MIS OBJETIVOS.

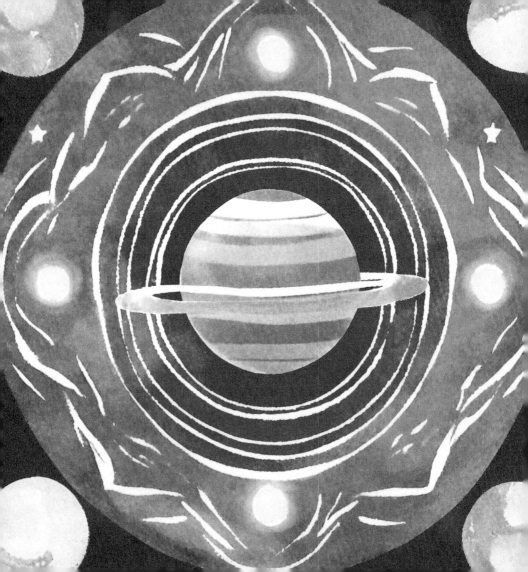

Hoy me entrego, libero la necesidad de controlarlo, y dejo que el universo haga su magia.

Tengo la fuerza interior para afrontar mis miedos con confianza y utilizarlos a mi favor.

Cada persona y situación en mi vida están conectadas conmigo a través de mi frecuencia.

MI VOZ INTERIOR SIEMPRE ME GUÍA POR EL CAMINO CORRECTO. CUANTO MÁS ME RELAJO, MÁS FUERTE SE VUELVE.

Todos poseemos un Don innato que nos beneficia tanto a nosotros mismos como a los demás.
Hoy elijo mirar profundamente dentro de mi ser para encontrar el mío.

APRENDO DE MIS PÉRDIDAS
Y ENTIENDO QUE SON
OPORTUNIDADES PARA
APRECIAR LO QUE TENGO Y
DEJARME LLEVAR.

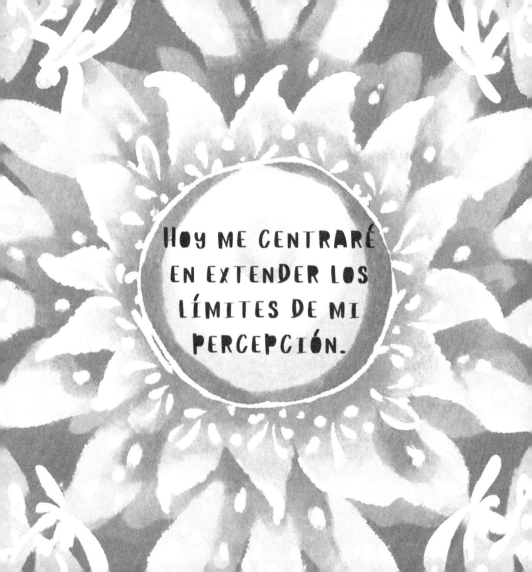

Hoy me centraré en extender los límites de mi percepción.

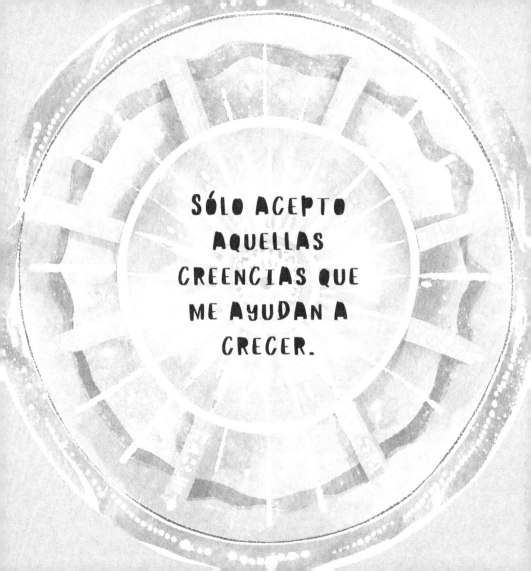

SÓLO ACEPTO
AQUELLAS
CREENCIAS QUE
ME AYUDAN A
CRECER.

CUANTO MÁS RÁPIDO VOY
MENOS OBSERVO.

NO CAMINO HACIA MIS
METAS.
ELLAS VIENEN A MÍ.

Sólo me permito trabajar en mis metas en un estado de armonía y paz.

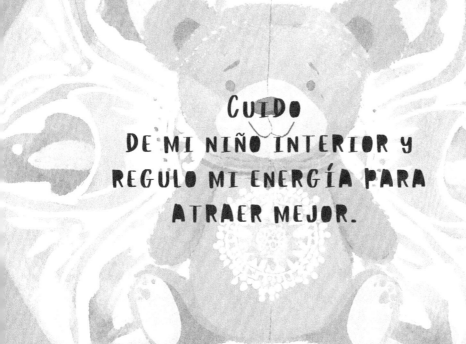

CUIDO
DE MI NIÑO INTERIOR Y
REGULO MI ENERGÍA PARA
ATRAER MEJOR.

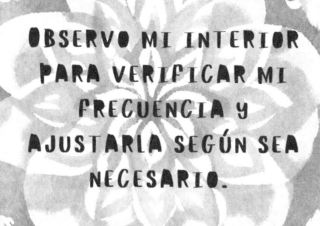

OBSERVO MI INTERIOR PARA VERIFICAR MI FRECUENCIA Y AJUSTARLA SEGÚN SEA NECESARIO.

REÍR
ME AYUDA A ELEVAR
MI VIBRACIÓN Y
ATRAER LO MEJOR.

LA VIDA ESTÁ PARA
DISFRUTARLA.
NO TIENE SENTIDO
TOMÁRSELA TAN EN SERIO.

HOY PRIORIZO ADMIRAR LA BELLEZA QUE ME RODEA.

ELIJO VER EL PROCESO COMO
UN MÁGICO VIAJE EN COCHE
EN EL QUE, DESDE EL ASIENTO
DEL COPILOTO,
ADMIRO LAS VISTAS.

MIS PEORES MOMENTOS
ME MOLDEAN.
YO ME ENCARGO DE QUE
ESA TRANSFORMACIÓN
SEA POSITIVA.

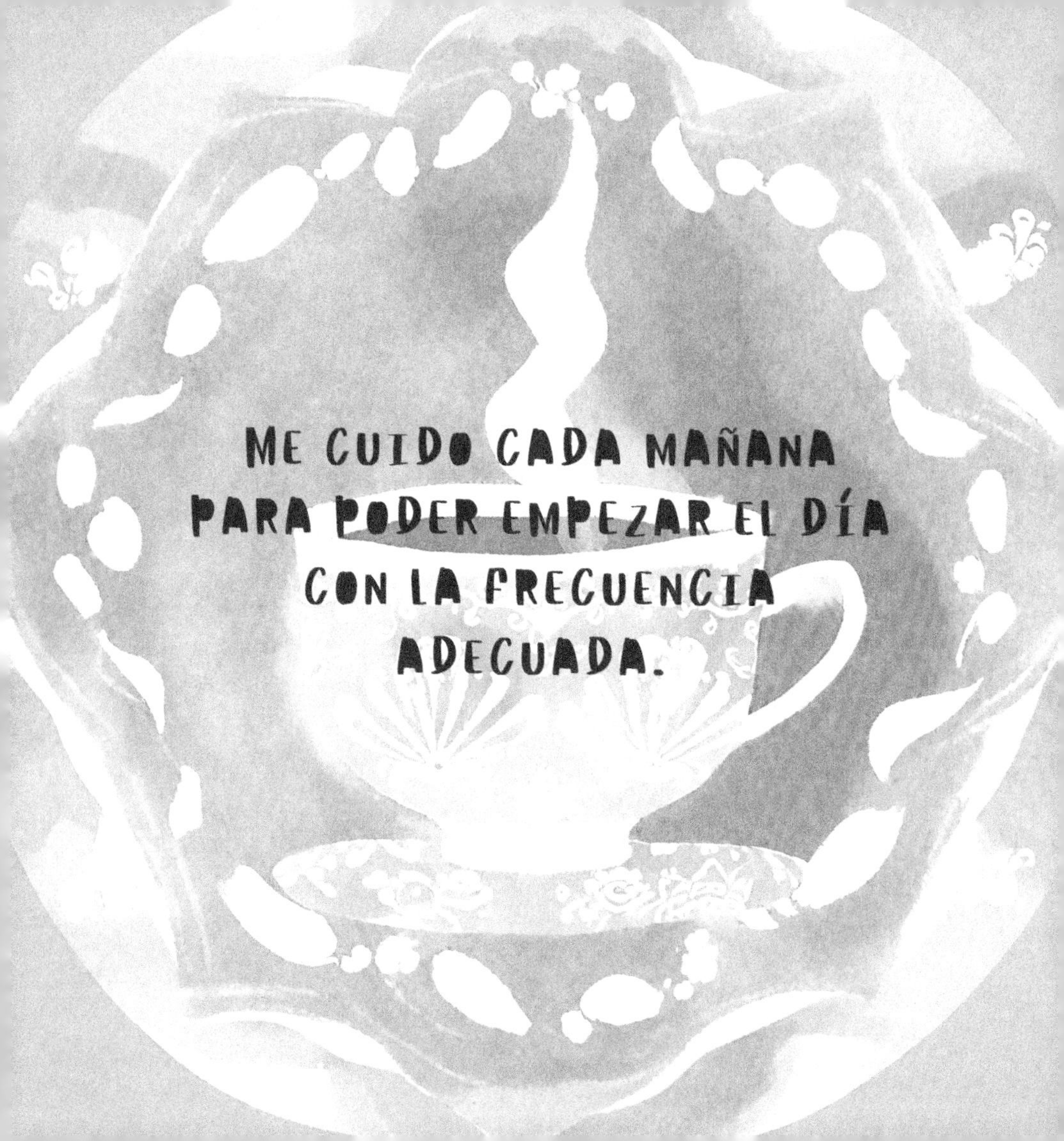

ME CUIDO CADA MAÑANA
PARA PODER EMPEZAR EL DÍA
CON LA FRECUENCIA
ADECUADA.

MANIFESTAR IMPLICA
SENTIR AQUELLO QUE QUIERO
COMO SI YA LO TUVIESE.
ENTONCES, ¿CÓMO PUEDO
DESEAR ALGO QUE YA SIENTO
QUE TENGO?

Cualquier momento y cualquier situación son buenos para meditar y estar presente.

LE ABRO LA PUERTA A
LAS PERSONAS Y
SITUACIONES QUE ME
FAVORECEN.

NO PERSIGO UNA FRECUENCIA
ESPECÍFICA,
SINO QUE ME CONECTO CON
MI YO SUPERIOR Y
MANTENGO ESA ENERGÍA
PARA PODER ATRAER LO QUE
ESTÁ ALINEADO CONMIGO.

NO ME ESTÁ PASANDO A MÍ.
ESTÁ PASANDO PARA MÍ.

Hoy DEDICARÉ UN MOMENTO
PARA REFLEXIONAR SOBRE
CINCO COSAS POR LAS
CUALES ME SIENTO
AFORTUNAD ★

UTILIZO MI
AUTENTICIDAD PARA
ATRAER A AQUELLAS
PERSONAS Y VIVENCIAS
QUE SE CORRESPONDAN
CON MI ENERGÍA.

MI INTUICIÓN ES LA
VOZ DE MI YO
SUPERIOR.
CUANDO LE HAGO CASO
ATRAIGO LO QUE ES
ADECUADO PARA MÍ.

EL UNIVERSO ME REVELARÁ
SUS SECRETOS CUANDO
EMPIECE A CONFIAR
PLENAMENTE EN LA VIDA Y A
DOMAR MIS MIEDOS.

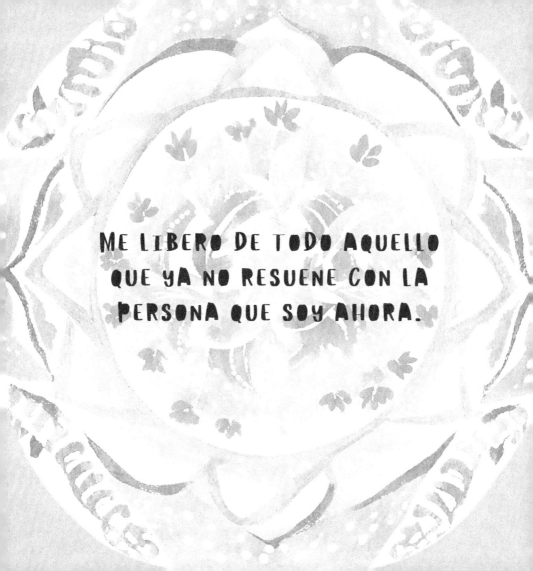

ME LIBERO DE TODO AQUELLO
QUE YA NO RESUENE CON LA
PERSONA QUE SOY AHORA.

LA VIDA SE VUELVE AMENA
CUANDO DEJO DE
CONTROLARLA.

CUANDO CONTROLO MI
ESTADO EMOCIONAL,
DOMINO MIS ACTOS
Y, POR CONSIGUIENTE, MIS
RESULTADOS.

A VECES, ES MEJOR DEJAR
QUE LA CORRIENTE ME
LLEVE.

LAS ACCIONES QUE
TOMO A DIARIO ME
ACERCAN A MIS
OBJETIVOS.

¿HE DESCANSADO LO SUFICIENTE COMO PARA LLEVAR A CABO MI LABOR MÁS ELOCUENTE Y SIGNIFICATIVA?

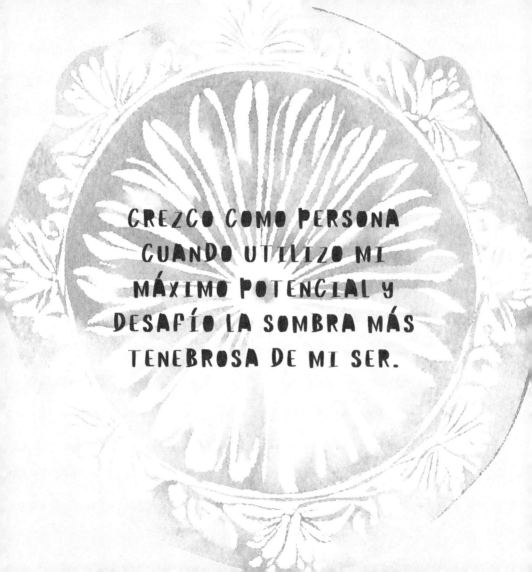

CREZCO COMO PERSONA
CUANDO UTILIZO MI
MÁXIMO POTENCIAL Y
DESAFÍO LA SOMBRA MÁS
TENEBROSA DE MI SER.

LO IMPORTANTE DE
MIS SUEÑOS ES CÓMO
ME HARÁN SENTIR.
POR LO TANTO,
ES MEJOR MANIFESTAR
LOS SENTIMIENTOS
QUE LA META.

PRACTICAR A DIARIO
EL AMOR PROPIO Y LA
GRATITUD
ME ACERCA UN POCO
MÁS A MIS
OBJETIVOS.

CUANTA MÁS
ATENCIÓN PRESTO A
LAS SINCRONICIDADES,
MÁS
SINCRONICIDADES
EXPERIMENTO.

Atraigo personas en mi vida que contribuyen a mi bienestar y felicidad.

Hoy suelto el
control
y dejo que la fe y el
deseo se hagan
cargo.

LA FE ME AYUDA A ESTAR
PRESENTE.
TOMAR ACCIONES ME
MANTIENE MOTIVAD★.
LA MOTIVACIÓN MANTIENE
LA FRECUENCIA QUE DESEO.

EL UNIVERSO APOYA TODAS
MIS DECISIONES.
TODO LO QUE NECESITO ES
CLARIDAD SOBRE LO QUE
QUIERO Y UN ENFOQUE
INQUEBRANTABLE.

CALIBRO MI ENERGÍA
CON AMOR Y ALEGRÍA.

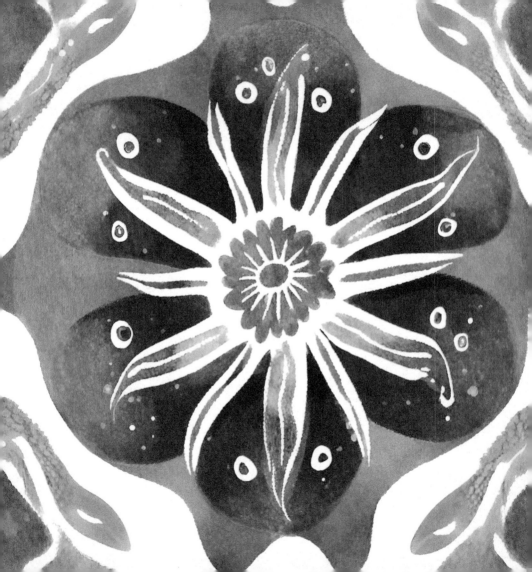

LA QUIETUD
AGUDIZA MIS SENTIDOS.

CUANDO ME SIENTO
FELIZ Y RELAJAD★,
MIS PLANES SE ALINEAN
CON LOS DEL UNIVERSO.

SER FELIZ
ES MI PRIORIDAD.

LIBERO TODO AQUELLO QUE NO ME GENERA FELICIDAD.

Printed by Amazon Italia Logistica S.r.l.
Torrazza Piemonte (TO), Italy

60370519R00117